Fernand Rausser   Olala mein Heimatland

Fernand Rausser

*edition **aar**e*

Olala

mein Heimatland

Kinder und Narren
sagen die Wahrheit

Mein Heimatland, ich hab' Dich gern.
Ich bin ein Teil von Dir.
Meine Zuneigung ist gross.
Ebenso gross sind meine Erwartungen in Dich.
Zu gross vielleicht, ich weiss.
Drum bin ich beleidigt, wenn ich Fehler an Dir entdecke.
Und fange an, zu kritisieren.
Warum eigentlich?
Warum will ich Dich vollkommen?
Du wärst langweilig ohne Fehler.
Bleib' wie Du bist, mein Heimatland.
Lass' uns – den Kindern und mir – den einen oder
andern Vorwand, um an Deinem Bildnis zu kratzen.
Wenn Du aber trotzdem Lust hast, Dich zu bessern,
bin ich nicht böse. Vorausgesetzt, Du änderst
Dich so, wie ich's mir wünsche.

                              Dein Fernand Rausser

Wer ahnt mehr, wer dichtet besser über Mutter Helvetia als unsere Kinder? Sie, die uns spontan und mit urschweizerischem Gespür ein kolossales Porträt zeichnen von unserer Urfrau.

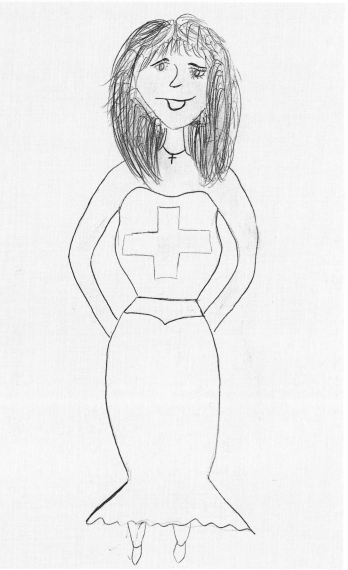

Es ist di Königin Dar Schweiz. und sie Regirt

Helvtia die Königin der Schweits. Sie bewacht die Schweits

es ist die Frau des Jahres

Aus dem überquellenden Füllhorn der Schweizer Poesie greifen wir einige Hits heraus und illustrieren sie mit dem Stilmittel der Gegenwart, der Fotografie.

Trinkt, o Augen,
was die Wimper hält,
Von dem goldenen Überfluß
der Welt!
Gottfried Keller

Ich leb und weiß nit wie lang, Ich fahr und weiß nit wohin:
Ich stirb und weiß nit wann, Mich wundert, daß ich fröhlich bin. *Magister Martinus*

Hell im Silberlichte flimmernd
Zieht und singt des Baches Welle,
Goldengrün und tiefblau schimmernd
Küßt sie flüchtig die Libelle.

Gottfried Keller

Als ich gen Zürich ritt
im Abendschein,
Da rief ich aus:
„Du schmucker Edelstein!"

C. F. Meyer

Es wallt das Korn
weit in die Runde
Und wie ein Meer
dehnt es sich aus;
Doch liegt auf seinem
stillen Grunde
Nicht Seegewürm
noch andrer Graus;
Da träumen Blumen
nur von Kränzen
Und trinken der Gestirne Schein,
O goldnes Meer,
dein friedlich Glänzen
Saugt meine Seele gierig ein!

Gottfried Keller

Ich frage mich...

...was ein Büroarbeiter denkt, wenn er einem Bauern zuschaut, der seinen Acker pflügt.

...warum ich sauer reagiere, wenn ein Franzos mich spüren läßt, daß die Schweiz ein braves, langweiliges Ländli ist.

...wie viele Demokraten, die wissen, daß Demokratie Volksherrschaft heißt, gerne Demokraten sind.

...wann ein m^2 Bauland im Entlebuch soviel kosten wird wie heute am Paradeplatz in Züri

...warum es mir nicht gelingt, meine Entrüstung zu dosieren. Wenn ich z.B. höre, ein Demonstrant sei erschossen worden, bin ich entrüstet. Wenn ich höre, 20 Demonstranten seien erschossen worden, bin ich nicht zwanzigmal mehr entrüstet.

...was im eidgenössischen Parlament gedeihlicher ist: eine Redeschlacht mit hohen oder ein Scharmützel ohne Einschaltquoten.

...wie sich die Frauen heute über die Politik einiger Frauen von heute trösten.

Ich frage mich...

...wann wir den letzten Baum fällen und ob wir das Ereignis freudig mit einem Volksfest feiern werden.

...ob wir nicht mit unserer Regierungs-Koalition zufrieden sein sollten, da zu befürchten ist, daß die eine oder andere dieser Parteien in der Opposition mehr Schaden anrichten würde.

...wann wir Schweizermänner endlich begreifen, daß die Frauen nicht nur ein attraktiveres, sondern schlicht und einfach mehr Profil haben als wir.

...wie die Schweiz aussähe, wenn die Stimmbürger mit Kinderaugen ausgerüstet wären.

...warum die bleichhäutige Arroganz, die unsern Erdball terrorisiert, ausgerechnet auch bei uns so schöne Feste feiert.

...warum man in der parteipolitischen Landschaft ungern akzeptiert, daß es dort ähnlich ist wie beim Marzipan: erst die 3% Bittermandeln geben der Masse Pfiff und Geschmack.

...ob das Schicksal, das uns Schweizer ununterbrochen anlächelt, nicht gelegentlich den Wunsch nach Abwechslung haben könnte.

Wir alle erinnern uns an die Kinderverse der lustigen zehn kleinen Negerlein. Wir freuten uns über die niedlichen schwarzen Zoo-Menschlein, die alle, hübsch eins nach dem andern, einem humorigen Reim geopfert wurden. Inzwischen hat sich Afrika emanzipiert. Ich suchte nach Ersatz, um das amüsante Gedicht nicht aus unserm Sprachschatz zu verlieren.

Zehn kleine Schweizerlein,
die baden in dem Rhein,
eines nimmt 'nen grossen Schluck,
da sind es nur noch neun.

Neun kleine Schweizerlein,
manövern eine Schlacht,
eines fährt im Pinzgauer,
da bleiben nur noch acht.

Acht kleine Schweizerlein,
die tun den Wald sehr lieben,
eines bleibt zu lange drin,
schon sind es nur noch sieben.

Sieben kleine Schweizerlein,
sind z'Bärn und ganz perplex,
eines ist dort ausgerutscht,
jetzt sind es nur noch sechs.

Sechs kleine Schweizerlein,
die irren durch die Sümpf
der kuriosen Jura-Lex,
da bleiben nur noch fünf.

Fünf kleine Schweizerlein,
die leiden an der Gier,
zu saufen unsern Weissweinsee,
da sind es nur noch vier.

Vier kleine Schweizerlein,
zähl'n Geld, es hat dabei
schwarzes und auch heisses,
jetzt bleiben nur noch drei.

Drei kleine Schweizerlein,
die sind neutral, wobei
eins nur Coca-Cola trinkt,
schon sind es nur noch zwei.

Zwei kleine Schweizerlein,
verzehrn tagaus, tagein,
Dragées, Drops und Pillen,
noch bleibt uns eins allein.

Dies eine kleine Schweizerlein,
hat bald zu viele Gene,
drum lacht's ein schwarzes Girl sich an,
schon sind es wieder zehne.*

* Diese zehn Negerlein, das muss
vielleicht erwähnt werden,
wanderten aus nach Afrika, weil
sie den Respekt gegenüber unserer
eisernen Lady auf Dauer als zu
bedrückend empfanden

Es gibt drei Tabus in der Schweiz: die Neutralität, das Bankgeheimnis, die Armee. Die werden nicht befingert. Selbst vom Narren nicht, sonst wäre er wirklich ein Narr. Aber ein Schweizerbuch ohne diese Themen darf es nicht geben. Lesen wir, was Kinder darüber schreiben.

Neutralität: z. B. in der Politik man steht weder auf dieser noch auf der andern Seite. Man läßt es geschehen.

Ich finde unsere Neutralität eigentlich gut. Den sonst wäre bei uns immer oder fast immer eine große Unruhe. Wenn ich so nachdenke wie es in andern Ländern aussieht wird mir fast schlecht. Ich begreife unsere Bürger, die dagegen waren mit andern Mächten zu reden.

Neutralität der CH: Wenn z. B. Deutschland und Frankreich Krieg hat, daß die CH nicht einem hilft, sondern keinem.

La neutralité est une chose qui prouve le courrage des suisses en se battent seul, sans un seul allié. Pascal

Neutralität: Das ist eine Art, die die Schweizer haben. ZB Wenn sich zwei zanken und schlegeln und ein dritter schaut zu und keinen von den zwein anfeuert, ist der Neutral weil er niemanden hilft.

Wenn jemand parteilos ist, wird er als neutral bezeichnet.

So wild wie die Eidgenossen früher waren, desto bekannter sind die Schweizer nun für ihre Neutralität.
Stefan

La neutralité est pour moi quelque chose de bien pour la population mais quelque chose de dur pour les juifs. Quelque fois je pense a comme c'était pendant la 2eme guerre mondiale. Stéphanie

Bankgeheimnis ist wenn man einer Bank etwas sehr Wichtiges anvertraut muß die Bank darüber schweigen und darf kein Wort darüber verlieren.

Die Angestellten der Bank wissen sicher zum Teil über das Bankgeheimnis das jede Bank hat. Sie sind zur Schweigepflicht gezwungen. Der Direktor der die Schlüssel zum Tresor hat darf sie niemandem weiter geben außer er tritt vom Amt zurück. Mehr fällt mir nicht ein über das Bankgeheimnis schließlich ist und bleibt es ein Geheimnis. Elsbeth

In Bern ist die Goldbank unter dem Bundeshaus. Darin ist das Gold von Bern aufbewahrt. Diese Goldgrube ist schwer bewacht von Elektrischen Alarmanlagen und von der Polizei höchstpersönlich. Severin

Wenn jemand aus einem Fremden Land wie z. B. Marcos aus den Pfilipfine 5 Millionen Schweizer Franken auf eine Schweizer Bank legt und er das schmutzig verdiehnt hat und die Polizei das Geld beschlagnahmen will darf die Bank nich sagen ob sie das Geld hat.

Wenn es so um die Bank geht über die Geheimnisse dann braucht es Angestellte, denen man vertrauen kann. Sowas darf nicht unter das Volk geraten, sonst gibt es eher Einbrüche. Aber heute ist es ja sehr gut eingerichtet, und es werden die Täter früher gefäßt. Das Geheimnis sollte schon geheim bleiben. Ende.   S.

Landesverteidigung. Ich bin nicht sicher aber ich glaube es ist das Militär.

Bei uns in der Schweitz muß jeder Mann in das Militähr. Nur die nicht die einen Körpperschaden haben. Die Grundausbildung ist die Rekrutenschuhle. Nach der RS muß man acht Jahre lang, jedes Jahr drei Wochen.
                                                            Dani

15 Uhr 30 ein Miraschaufklärungsflugzeug startet zu ihrem Aufklärungseinsatz in Dübendorf. Solche Einsätze werden täglich durchgeführt um die Landesverteidigung zu sichern. Auch auf dem Boden wird viel zur Landessicherung beigetragen.   A.

Landesverteidigung: Das ist wenn früher ein Ritter gekommen ist und ein Krieg mit den Bauern führte. Dann haben die Bauern Landverteidigung gemacht.

Mein Vater hatte sich beim Militär bei den Motorfahrern gemeldet. Er fuhr Land-Rover, Jepp und Pinzgauer. Er mußte höhere Dienstgarden herum führen und hatte es dabei ziemlich schön. Später wurde er umgeteilt, jetzt ist er beim Küchendienst. Sein erster Ek beim Küchendienst: Er mußte in Münsingen einrücken, sie hatten nicht viel zu tun. Zwischen dem Salat rüsten konnte er noch Zeitung lesen. Ein Jahr später hatte er es noch schöner, er hatte noch weniger zu tun. Er konnte wunderschöne Wanderungen unternehmen, denn es waren viel zu viel Salatrüster. S. S.

Unter Landesverteidigung verstehe ich, daß man an der Schweizer Grenzen die Flüchtlinge, Tamilie, allgemein Ausländer nicht mehr nur einfach in unser Land hinein läßt. Dazu braucht es eine Bewilligung. Sonst wären bis zuletzt alles voller Ausländer.

Ich glaube, daß wir unser Land gar nicht verteidigen müssen. Rings um die Schweiz ist ja gar nirgen Krieg, also müssen wir unser Land doch gar nicht verteidigen. Landesverteidigung ist für mich ein Begriff der von ganz weit her tönt. Klar vielleicht müssen wir uns wehren, daß nicht allzuviel Ausländer in die Schweiz kommen? Ich finde einfach, bevor es keinen Krieg gibt, haben wir auch keinen Grund uns zu verteidigen. Politisch und in der Wirtschaft schon aber sonst nirgends. Wir sind ja nicht die alten Schweizer, die gegen die Habsburger Krieg führten!! Thomas

Die Landesverteidigung sollte mehr Soldaten und mehr Panzers und mehr Tiger haben dan hätten die Schweizer keine Angst vom Krieg.
                                            David

Ich glaube daß die Schweiz nie Krieg hat weil wir haben so viele Panzer und noch andere Sachen zum verteidigen.   Manuela

Là-haut sur la montagne

    Là-haut sur la montagne,
    était un vieux chalet.

Mit Rissen in den Mauern und eingesacktem Dach. Müde wiegt die Birke vor dem Haus ihre grauen Blätter im sauren Abendhimmel.

    Là-haut sur la montagne
    était un vieux chalet.

    Là-haut sur la montagne,
    croula le vieux chalet.

Die Rache der Natur: Nagende Erosion, Schnee und Fels verschütten das alte Haus mit brutaler Gewalt.

    Là-haut sur la montagne,
    croula le vieux chalet.

    Là-haut sur la montagne,
    quand Jean vint au chalet.

Hans Schneidig macht sein Mißgeschick betroffen: Das Grundstück ist mit 2 Hypotheken belastet. Kurzentschlossen verkauft er es der SKB.

    Là-haut sur la montagne,
    quand Jean vint au chalet.

    Là-haut sur la montagne,
    est un nouveau chalet.

Behende baut die SKB das neue Haus: 3 Zwei-Z.-Ferienwohnungen und und 2 Studios (Brutto-Rendite 8 %) – tiptop legal innerhalb der Bauordnung.

    Là-haut sur la montagne,
    est un nouveau chalet.

Ich frage mich...

...ob wir nicht weniger in die Agenda, wohl aber mehr ins Tagebuch schreiben sollten.

...warum wir Schweizer im Ausland als bieder und ängstlich gelten. Haben wir nicht den Cotti zu unserm Umweltminister gemacht? Das soll uns erst einer nachmachen!

...woher eigentlich diese meine sonderbare Zuneigung zum Schweizerländli kommt, dieses unfaßliche, etwas wirre, schwüle Gefühl, von dem ich mich nur befreien kann, indem ich eine 1. August-Rede höre.

...warum es keine freisinnige Partei mehr gibt.

...wie es bei Debatten über die 3. Welt, also bei Gesprächen über Hunger, Bildung, Menschenrechte, möglich ist, daß es Bundeshäusler gibt, die mit unserer Neutralität argumentieren oder mit unserm Bankgeheimnis und sogar mit Exportgarantien. Und dies, ohne zu erröten.

...warum die Schweizer Landwirtschaftspolitik nicht vom EMD betreut wird.

...wer daran zweifelt, daß das Sprichwort „Geld allein macht in der Morgenstund recht glücklich", ein Schweizer Sprichwort ist.

Die Cities sind das Herzstück unserer Städte, dort wird unser Bruttosozialprodukt hergestellt, dort pulsiert nadelgestreiftes Leben. Außer sonntags, weil niemand mehr dort wohnt. Die Cities kann man nicht karikieren, sie sind ein Konzentrat menschlicher Untugend. Somit sind unsere Bilder (leider!) keine Karikaturen, sondern eher, sagen wir mal, realistische Impressionen.

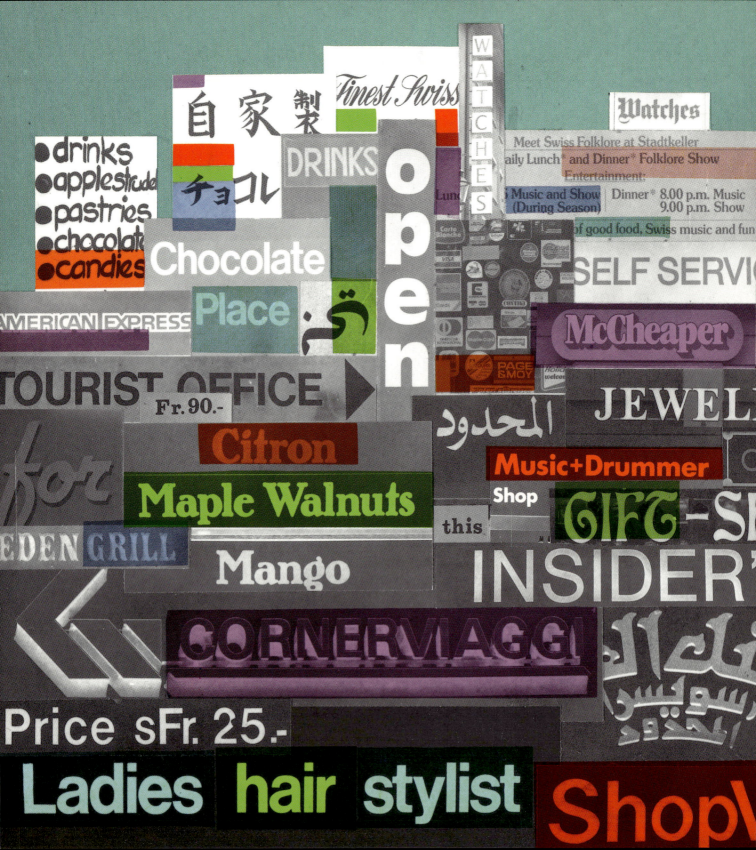

Hat Wilhelm Tell gelebt? Keine Angst, lieber Leser, wir klären das Problem hier nicht auf. Sie werden nach dem Genuß dieser Seiten noch immer in der Lage sein, eine freie persönliche Meinung über diese politisch bedeutsame Frage zu entfalten.

Die Schweiz ist bekannt für den Willhellm Tell.
                                        Nadja

Ein junger Erforscher hat heraus gefunden das Willhelm Tell in seiner Lebenszeit keine Armbrust getragen hat. Das Denkmal zeigt in aber Heute mit Armbrust.
                                        Patrik

Willhelm Tell war ein Mensch, der Gessler haßte. Er hatte einen Sohn. Da sollte er sich vor Gesslers Hut verbeugen, was er aber nicht tat. Darauf wurde der strenge Gessler von der Wache gerufen. Tell mußte einen Apfel auf dem Kopf seines Sohnes mit Pfeil und Bogen durchschießen. Weil er ein guter Schütze war, traf er dann auch den Apfel. Nun war der Haß noch größer. Da überfiel Tell den Gessler in einer engen Gasse und brachte ihn um. Von da an war Tell ein Held.
                                        Marion

Tell: Unser Vorbild, dem wir unsere Freiheit und Neutralität verdanken können. Er war in seiner Sache sicher und strahlte die Kraft aus, welcher jeder Schweizer im harten Body-Building-Training für viel Geld sucht.   K.

Pour l'histoire de Guillaume Tell j'aurais bien bien voulus etre la a voir mettre une pomme sur la tete de son fils et lancer und fleche pour qu'elle transperse la pomme pour moi sette histoire est plein de suspens ça du etre vraiment tres dure de faire ça a son fils.
                                        Nathalie

Wilhelm Tell befreite die Urkantone indem er den Gessler erschoß.
                                        Robert

Wilhelm Tell schoß gegen roten Apfel, die Apfel lagen auf Köpfe, aber manchmal, glaube ich das er auch den Kopf traf.
                                        David

Wer ist verantwortlich für den Irrglauben, wir Schweizer seien überall beliebt? Ein schöner Wunschtraum, der wohl nur dort stimmt, wo man uns mit Schweden verwechselt. Ausländische Besucher haben unterschiedlich über die Bewohner der hehren Alpenwelt geschrieben. Viele dieser Kostproben haben wir dem trefflichen Buch „Schweiz von außen" von Kurt Marti entlehnt.

Frei wären die Schweizer? Frei diese wohlhabenden Bürger in den verschlossenen Städten? Frei diese armen Teufel an ihren Klippen und Felsen? Was man dem Menschen nicht alles weismachen kann, besonders wenn man so ein altes Märchen in Spiritus aufbewahrt! Sie machten sich einmal von einem Tyrannen los und konnten sich in einem Augenblick frei denken; nun erschuf ihnen die liebe Sonne aus dem Aas des Unterdrückers einen Schwarm von kleinen Tyrannen durch eine sonderbare Wiedergeburt; nun erzählen sie das alte Märchen immerfort, man hört bis zum Überdruss, sie hätten sich einmal frei gemacht und wären frei geblieben; und nun sitzen sie hinter ihren Mauern, eingefangen von ihren Gewohnheiten und Gesetzen, ihren Fraubasereien und Philistereien, und da draussen auf den Felsen ists auch wohl der Mühe wert, von Freiheit zu reden, wenn man das halbe Jahr vom Schnee wie ein Murmeltier gefangengehalten wird.

Johann Wolfgang Goethe

Der Konkurs
Durch diese hohle Kasse
muss er kommen.
Was tut's, wenn du
im Land, wo Küssnacht liegt,
ein Nummernkonto hast!

Rupert Schützbach

Die Schweiz ist das kleinste Klischee der Welt.

W. G. Fienhold

Sündenregister der Urschweiz (1847)
Es gibt zwei Gegenden in Europa, in denen sich die alte christlich-germanische Barbarei in ihrer ursprünglichsten Gestalt, beinahe bis aufs Eichelfressen, erhalten hat. Norwegen und die Hochalpen, namentlich die Urschweiz. Sowohl Norwegen wie die Urschweiz liefern noch unverfälschte Exemplare jener Menschenrasse, welche einst im Teutoburger Wald die Römer auf gut westfälisch mit Knüppeln und Dreschflegeln totschlug. Sowohl Norwegen wie die Urschweiz sind demokratisch organisiert. Aber es gibt verschiedenerlei Demokratien, und es ist sehr nötig, dass die Demokraten der zivilisierten Länder endlich die Verantwortlichkeit für die norwegische und urschweizerische Demokratie ablehnen.
Der Kampf der Urschweizer gegen Österreich, der glorreiche Eid auf dem Grütli, der heldenmütige Schuss Tells, der ewig denkwürdige Sieg von Morgarten, alles das war der Kampf störrischer Hirten gegen den Andrang der geschichtlichen Entwicklung, der Kampf der hartnäckigen, stabilen Lokalinteressen gegen die Interessen der ganzen Nation, der Kampf der Roheit gegen die Bildung, der Barbarei gegen die Zivilisation. Sie haben gegen die damalige Zivilisation gesiegt, zur Strafe sind sie von der ganzen weiteren Zivilisation ausgeschlossen worden.

Friedrich Engels

Den reichen Schweizern geht es gut.

G. Mateen

Ein Dichter hat die Jungfrau den Hochaltar der alemannischen Landschaft genannt. Die Dichter sagen in ihrem Überschwang manches, was sie nicht ganz verantworten können. Ich habe die Jungfrau zwei Tage lang unausgesetzt scharf beobachtet. Ich lasse mich nicht beirren. Das Weibliche an ihr, die Prüderie ist unverkennbar, aber es ist doch die Prüderie einer Kuh. Denn darüber kann gar kein Zweifel bestehen: sie ist ein schweizerisches Grossvieh, eine Riesenkuh von Gottes Gnaden. Sieh mir einer diese formidablen feisten Schenkel, das breite ungeheure Gesäss, dieses strotzende Euter, diesen mächtigen Schädel eines Wiederkäuers. Was sollen hierbei nur die Nebelschleier darum?

L. E. Schaeffer

Ich glaub mir ist zur schweiz
nichts eingefallen

Als Schweizer geboren zu werden,
ist ein grosses Glück.
Es ist auch schön, als Schweizer
zu sterben.
Aber was tut man dazwischen?

Roda Roda

Jeder Schweizer trägt seine Gletscher in sich.

André Gide

Gäbe es die Schweiz nicht, so wäre
zwischen Österreich, Italien, Frankreich
und der Bundesrepublik Deutschland ein
verhältnismässig grosses Loch in der
Erdkugel.

G. Mateen

Nahwest oder: Fern im Okzident
Die Schweiz
ist mir ein böhmisches Dorf:
es muss da Berge geben und
einen gewissen Dialekt
aus dem Nachlass von Wilhelm Tell:
ein Kunstschütze, wie hier in Weimar
jemand schrieb. Seitdem
soll jedoch die Kunst dort
weniger bedrohlich verübt werden.
So finde ich
Max Frisch ganz friedlich,
zumindest sass er völlig unbewaffnet
in unserem Wohnzimmer und trank
Rotwein: das
kann natürlich Verstellung gewesen sein
und er ballte oder spannte
unterdes die Armbrust schon
in der Brusttasche.

Günter Kunert

Die Schweizer sind Einheimische.

Nach aussen ist die Schweiz neutral.

Zu den Schweizern kann man
auch Helvetier oder Eidgenossen sagen.

G. Mateen

Das Schweizer Gemüt hat etwas von
einem seiner berühmten Exportartikel,
diesen Uhren, angenommen: es ist stets
in Ordnung, duldet bei sich keine Ver-
stösse, geht niemals falsch. Hervor-
ragende Ticktacks, Regulatoren des
Lebens, nicht mit diesem zu verwechseln.

H. von Wedderkop

Schweiz ist Aussicht, Metermass,
Ozongehalt, Hotel. Was sie sonst treibt,
wie sie sich ohne Fremde ausnimmt,
interessiert in keiner Weise.

H. von Wedderkop

Gruss an Schweizer Freunde
Ich muss euch beneiden:
wie ihr die ruhige Kugel schiebt,
so scheinbar abseits aller Welt,
während die andern sich Haare raufen.
Einfach in den Bergen sitzen,
sich raushalten,
ein Stück vom dicken Kuchen
fällt immer mal ab.
Hier ein politischer Flüchtling
und dort einer auf Steuerflucht:
habt mit beiden Erbarmen!
Im Sommer komme auch ich
gern über die Kaffeegrenze,
wo Wolken wie fette Euter hängen,
hier sind die Berge vom Designer
gemacht.
Und selbst die Löcher im Käse
sitzen bei euch grafisch einwandfrei.

Hans Staiger

Hotelterrasse
Wenn ich sehe,
wie die Gäste
aus Gelsenkirchen,
aus Köln und Bremen
auf der Terrasse
des Hotels Rütli
ihre eingeölten Gesichter
in die Sonne halten,
freut es mich fast,
wie die Saaltochter
mir den Kaffee
so unfreundlich
auf den Tisch knallt.
Von den Bergen
weht ein leichter Hauch.
– Der Geist Tells,
denke ich.

Rolf Sellin

Es packt in einer Zeit, da in Europa
einer den anderen, und ist er sein Bruder
und nächster Blutsverwandter, ausraubt
bestiehlt mit Haut und Haaren frisst,
da Jean Cocteau das Denkmal der blut-
saugenden Eugènes schon errichtete,
setzen im November neunzehnhundert-
fünfundzwanzig die schweizerischen
Hypothekarbanken aus eigenem Antrieb
den Zinsfuss für erste Hypotheken von
5½ Prozent, den sie zu hoch finden,
auf 5 Prozent herab.
Das gibt es heute in Europa!

C. Sternheim

EINE UNMÄSSIGE BEGIERDE NACH DEM VATERLAND

Ich kan bey dieser Gelegenheit nicht vorbey gehen, ohne einige Betrachtungen über die seltsame und besondre Krankheit des Gemüths zu machen, deren überhaubt die Schweizer, insonderheit aber diejenigen sehr stark unterworfen sind, welche auf den Bergen, oder nahe an denselben wohnen, so oft sie sich in einem entfernten und flachen Land befinden, und sich mit derjenigen Arbeit nicht mehr beschäftigen können, an die sie von Jugend an sind gewohnt gewesen. Diese Krankheit, welche unter dem Namen Nostalgia, ausser dem Land bekannt ist, und kein ander Volk, oder zum wenigsten keines so stark in Europa angreift, ist würdig untersucht zu werden, weil sie in kurzer Zeit den stärksten Menschen tödten kan. Herr Scheuchzer, (vid. ejus Opusc. insertum A&is Bononiens. Tom. 1. pag. 307) hat sich bemühet, eine Ursache dieser Krankheit in der Luft zu finden, er sagt: die Luft sey an den meisten Orten in Holand, Teutschland, rc. viel schwerer, als in der Schweitz, und hiemit müsse die Lunge eines Schweitzers, der beständig die allerreinste und leichteste Luft in sich ziehet, an allen, oder den meisten andern Orten, wo sie viel schwerer, mit viel mehr Unreinigkeiten und Ausdünstungen angefüllet ist, stärker zusammen gedrucket, und ihre freye und leichte Ausdähnung um vieles vermindert werden, wodurch denn endlich das Blut langsamer aus dem Kopf in das Herz, und langsamer durch die Lungen fliesse, welches der Grund der beständigen Bangigkeit, Angst und Traurigkeit sey, und zuletzt die Ursache des Tods, wenn das Blut wegen dem langsamen Durchgang durch die Lungen in den kleinen Gefässen vollkommen still stehet. Es scheinet ziemlich wahrscheinlich, daß in dieser Verschiedenheit der Luft und der verschiedenen Kraft, mit deren sie auf unsre Lungen würket, die wahre Ursache dieser Krankheit enthalten sey, allein man betrachte nur, daß ernstlich nicht alle Schweitzer mit diesem Uebel angefallen werden, daß öfters aus hunderten nur einer oder zwey es gespüren; zum zweyten kan ein Schweitzer diese Krankheit in einem Lande bekommen, darinn die Luft wegen der Höhe des Orts nicht um vieles von der unsrigen unterschieden ist; drittens, daß sie öfters plötzlich, und von einem gewissen Umstand, der sie an ihr Vaterland, an ihr lieblicheres, freyeres und glücklicheres Leben, an ihre Kinder oder Anverwandten, die sie stark lieben, und von ihnen wieder geliebet werden, und an gleich vorzüglichere und reitzendere Dinge in ihrem Vaterlande mehr, zu gedenken macht, mit dieser Krankheit überfallen werden, welches hiemit unmöglich von der Druckung der Luft herkommen kan; wenn die Luft die Ursache wäre, so würden ja die meisten dieser Krankheit unterworfen seyn, und es würde öfters nicht ein, zwey und mehr Jahre vorbey gehen, ehe sie solche gespürten, sie müßten gleich von Anfang eben so stark und mächtig, als nach einem Jahr die schwere Last der Luft in ihrer Brust oder Lunge gespüren.

Daniel Langhans

DIE SCHWEIZER
NEIGEN ÜBRIGENS
MEHR ZUM JODELN
ALS ZUM KUBISMUS
Hugo Ball

Eine Doppelseite der Lebensfreude, die uns zeigt, wie tiefverankert in der Schweizerbrust die Volksmusik ist. Vielleicht denken die Plattenaufleger im Radio daran und spielen in Zukunft es bizzeli mehr Ländler, dafür – trotz unserm steinigen Boden – etwas weniger Rock.

Die Lentker Kabele ober Emen tal.

Die Musick schbilt schön.

Es ist unübersehbar: zwischen Politik und Theater gibt es gewisse Parallelen. Beide bieten Haupt- und Nebenrollen, beide haben Souffleure, bei beiden wird hinter den Kulissen geflüstert und mit Pathos ins Publikum deklamiert. Last but not least: beide werden vom Steuerbatzen des kleinen Mannes finanziert.

PROGRAMM
FÜR DIE SAISON 1987/1988

Der Geizige
Komödie von Molière
Mit dem amtlichen Geizhals Otto Stich in der Hauptrolle

West Side Story
Getanzt von Roland Béguelin und seinem Beliballett

Kleiner Mann was nun?
Vielleicht letzter Auftritt von Pierre Aubert

Romeo und Julia
Das klassische Stück in moderner Besetzung
Elisabeth und Markus finden sich

Der westliche Diwan
Monolog mit scharfem Blick nach Osten
von und mit Peter Sager

Der Zigeunerbaron
Alt-Star Friedrich in einer tragischen Rolle

Mutter Courage
Die wilde Leni mit dem freien Sinn lehrt die Mächtigen das Fürchten

Der Handlungsreisende
Wahrscheinlich nur kurzes Gastspiel von J.P. Delamuraz

Wer hat Angst vor Elisabeth Kopp?
Wegen Überlastung der Hauptdarsteller z.Z. nicht auf dem Spielplan

Endstation Sehnsucht
Adolf Ogi rezitiert Post-Olympisches

Das Land des Lächelns
Unser Schlager während der Wahlkampfzeit!
Das ganze Polit-Ensemble singt und tanzt
(wird nach dem 18. Oktober ersetzt durch «Die Macht des Schicksals»)

Hair
Plauderabend
Alphons Egli stöbert in seinen frühsten Erinnerungen

Les Mains sales
Happening nach Sartre
Allgemeines Händewaschen an den Berner Altstadt-Brunnen

Viel Lärm um nichts Neues
Dia-Schau
Dokumentar-Aufnahmen aus der Stände-Kammer

Warten auf Nagra
Elegie über das lange unnütze Warten des Produzenten Leon Schlumpf

Es gibt wohl keine bösartigere Aufgabe für Kinder, als eine Zeichnung der Schweiz zu machen. Ich bitte jedes, das bei dieser Arbeit schwitzte, in aller Form um Verzeihung, danke aber herzlich für das Resultat. PS: Ich betone, daß hier in keiner Art und Weise angedeutet werden soll, die Grenzlinie der Schweiz sei ein Synonym unseres Charakters.

Und nochmals noch mehr Poesie.

Nun darf mein Tal
den Sommer grüßen,
Es ist den stillen Tagen hold.
Wie ruht es schimmernd
mir zu Füßen
In seines Erntesegens Gold!
Die schmalen Weizenfelder träumen
Von Märchen,
die der Nachtwind sang.
Ein Höflein,
halb versteckt in Bäumen,
Liegt weltvergessen nah am Hang.

Alfred Huggenberger

Was schaffst du noch unten
im Menschengewühl?
Hier oben ist's einsam!
Hier oben ist's kühl!

C. F. Meyer

O welch ein Duften, Rosalinde!
Im blütenüberfüllten Tal!

Durch das Gewölk, zerstreut vom Winde,
Bricht brennend rot der Abendstrahl;

Wie Feuer fließt der Frühlingsregen,
Wie Feuer rollt es auf den Wegen

Und trieft's von jedem Zweig zumal!

Gottfried Keller

Schön ist es, so da zu sein
Bei den guten Dingen,
Und im Herzton dieser Welt
Leise mit zu schwingen.

E. Schibli

O Heimat, du süße,
Möcht wieder dich sehn,
Deine grünenden Auen
Und lachenden Seen,
Da fände ich Frieden,
Da fände ich Ruh;
  O Land meiner Väter,
  Wie lieblich bist du!

H. Leuthold

Das Souvenir ist ein wichtiger PR-Artikel. Unser Gast nimmt damit eine Erinnerungsstütze mit nach Hause, und wir bleiben ihm in bunter, froher, unverdorbener, milchiger Erinnerung. Anhand von drei Beispielen zeigen wir die reale Vorlage und daneben die künstlerische Umsetzung der Souvenir-Makers.

Der Röschtigraben existiert doch.
Die Aufsätze der Romands über
die Deutschschweizer und umgekehrt
beweisen es. Eine lebhafte Fort-
pflanzung bestehender Klischee-
Serien hüben und drüben.
Traurige Bilanz für uns:
die Romands sind bessere Menschen.
Überzeugen Sie sich.

Parlons des Suisse allemands. Je pense qu'ils sonst plus vigilant que nous (Suisse R.) sur le point de vue de la propreté, car mon frere a été une fois en course d'école a Ballenberg et il m'a raconté qu'un de ses copain avait jeté un papier par-terre et qu'un monsieur lui avait couru apres en voulant lui faire payé une amende.   Gérard

Que voulez-vous que je vous dise sur les Suisses-Allemands. On est bien un peu méchant avec eux.
Je crois qu'on est un peu jaloux de ces Suisses Allemends. Mais on doit quand meme les supporter.   Johannes

Ihre sprache ist nicht so harmonisch.   Yves

Il sont bete il se croivent tout permis et en plus il conduisent comme des patates.   Luc

Die Deutsche-Schweisser sind am meisten sehr fleißig. Sie spreche eine kommische Sprache, die ähnelt Deutsche Sprache. Sie sind wircklich nationalistisch und glauben an den Militairdienst, wenn man eine gute Plätze will, man muß einen guten Grad haben. Sie essen nur rösti und trinken nur wasser. In alle Wählen sie wählen das gegenteil von uns.   Patrick

J'en connais deux ou trois, elles ont un sale caractere. Elles disent un truc et apres elles le nie. Celles que je connais ont le meme caractere de cochon!!

Cette une autre race que nous avec une autre langue.   Jean-Marc

C'est des gens comme nous mais je les trouve un peu bobet parce'que ma belle-mere est suisse allemande et elle n'est pas qu'un peut mais completement bobette. Peut-etre il y en a qui ne le sont pas mais il ne doit pas y en avoir beaucoup.   Sandrine

Les suisse allemand sonst des emmerdeur.   L.

Les Suisses-Allemands sont des humains comme les Vaudois ou les Neuchatelois. Je trouve qu'ils ont un autre mentalité que le Vaudois. Le Vaudois est plus fermé que le bernois. Le bernois rit plus et il est plus ouvert. C'est rigolo le bernois parce qu'il ressemble un peu a l'arabe. Je sais le bernois et c'est bien pratique parce qu'il y a des personnes qui vous disent des choses et vous pouvez y répondre.   Sarah

Il y a plus de Suisse Allemands que de suisse romands. Ils aime les reouschti. Quand 10 parle on dirai qui sont cents.
Stéphane

Il sont simpa les allemands.
Thierry

Les Suisses Allemand ont la tete beaucoup trop dur, ils comprennent mal des choses qu'on leur dit.
Stefan

On dit qu'ils nous envahissent parce qu'il y en a plus que de francais en Suisse. Mais c'est eux qui on fondé la Suisse en premier. Je trouve quand meme qu'il nous envahissent.
Sébastien

Je trouve que quelques fois, les Suisses Allemands ont un manque d'ésprit.
Claire

Quand ils parlent en francais ça me fait rire. Mais je ne suis pas raciste. Il y en a qui sont simpas.
Anne-Catherine

Je pense que les Suisses allemands sont nul car ils ne parlent pas français.
Pascal

Je trouve qu'on devrait parler français dans tout la Suisse comme les autres pays. Ou bien Suisse Allemand partout. Mais je n'ai rien contre eux.
Yessica

Je trouve qu'on devrais parler français dans toute la Suisse comme les autres pays. Ou bien Suisse Allemend partout. Mais je n'ai rien contre euxc. Les suisse romand sont jaloux des suisses allemend s'est tout.
Jessica Decosterd
fille

Je trouve qu'il ont un accent plutot drole neeesbaas comme Emil. Qu'ils sont assez sympathique et sportif. Ca dépend!!!
Toni

Je pense qu'ils sont des gens exactement comme les autres.
Nathalie

Ils sont ouvert plus que les vaudois.
Tanja

Warum beneiden wir die Westschweizer? Weil sie fliesend französisch sprechen. Stefan

Ich denke, daß die Welschen genauso sind wie wir. Warum sollten sie auch anders sein. Vielleicht fühlen sie sich manchmal unterdrückt, wegen der Sprache, es sind ja weniger Welsche als deutsch Sprechende. Kathrin

Ich weiß, daß man dort in Schweizerfranken bezahlt. Dort ist es sehr schön, einfach so wie in der Schweiz, alles ist gleich, nur eben die Sprache nicht. Aber mich dünkt es, die Leute dort hätten nie Zeit. Gordana

Was ich bisher über die Welschschweizer in Erfahrung gebracht habe ist, daß sie alles viel lockerer nehmen als wir. Markus

Wir hatten Schulaustausch zuerst kamen die von Rolle zu uns aber dan gingen wir zu ihnen und blieben eineinhalb Tage bei ihnen. Als wir zu Regaçonis gingen waren Pascals Eltern so hies der Sohn von den Regaçonis ein unhöflicher Knabe knapperte immer Glace und Gummibärchen hatte immer einen Walkmann auf dem Kopf hatte lange Harre stank von Kopf bis Fuß nach Parfüm. Er machte Aufgaben mit seinem Kompiuter. Hatten drei Vidiorekorter zwei dafon gingen nicht und Vier Fernseher aber das Hausmädchen sagte es komme in den Müll der Knabe hatte ein Legoland das Halb so groß wie das Schulzimmer aber wir durften nur einen blick in das Zimmer werfen das war bei den andern Sachen auch und er hatte ein Zimmer das etwa zwei auf vier meter lang war das Zimmer war bis obenhin volgestopft mit Spielsachen aber man durfte nicht hinausnehmen der Vater und die Mutter waren komisch sie waren von Morgen bis am Abend um elf nicht da. aber ich glaub nicht das alle Welsche so sind es gibt besere Welsche als wir sind. Bruno

Hier in der Schweiz sind die Leute viel unfreundlicher als im Welschland. Bernadette

Wenn Welsche nach Bern einkaufen gehen, sprechen sie französisch weiter, wenn aber ein Deutschschweizer zu ihnen kommt und deutsch sprechen möchte, tun sie so, als hätten sie diese Sprache noch nie gehört. Sie meinen auch, daß sie Adelsblut besäßen und deshalb über uns sehen können. S.

Ich kenne jemanden, der in der Deutschen- und in der Französischenschweiz gelebt hat. Sie hat gesagt, im Welschland sei es viel „légerer". Die Polizei sei nicht so streng und nehme es viel leichter. Fränzi

Ob Franzosen, Deutsche, Italiener oder Chinesen... Alle haben eigene Gewohnheiten, eigene Sprachen, andere Speisen usw. Aber alle sind Menschen wie wir. Marion

Die welschen sind keine Franzosen sondern sie sind Schweizer nur sie schprechen Französisch. Es ist schön im welschen mir hat es sehr gut gefalen in der Areuse Schlucht. Manuela

Sie sprechen andere Sprachen. Sie kommen auch von einer anderen Herkumft. Sie haben große Häuser. Sie leben in schönen aber auch weniger schönen gegenden. Patrik

Die meisten können schlechter Deutsch sprechen als mir Französisch. Die Welschen sind ein wenig langweilig. Sie begreifen vieles nicht. Reto

Die welschen Fußballklubs liegen YB nicht. Servette hat zu gute Techniker die in der ganzen Schweiz und im Ausland gekauft wurden und nicht aus dem Nachwuchs kamen. La Chaux-de-Fonds: gegen Absteiger hatte YB schon immer Probleme. Lausanne: kann nur mit 12 Mann spielen (Schiedsrichter). Bei Vevey weiß man nie so recht. Da wären noch die Schiedsrichter aus dem Welschen aber da fange ich besser gar nicht erst an. Robert

Sie sind nicht fiel anders oder überhaubt nicht anders. Sie haben genau gleiches Gelt. Wenn es Bauernhöfe hat, dan sind es meistens Große. Sie haben fieleicht so gleiche Musik wie wir. Es geht manchmal weit von einen Haus zum Andern. Markus

Sie haben andere Gesichter. Sie sind manchmal gutmütig. Manchmal sind sie aber gägsnäsig. Sie haben eine Schwere Sprache. Roger

Sie sind mit den Nerven meistens am ende, denn bei ihnen muß alles schnellgen, daß merkt man wenn sie reden. Wir Berner sind ein wenig schnecken gegen die Welschen. Die Leute schimpfen einander an am Gemüsestand. Susanne

Vor ein paar Jahren begegnete uns eine Familie, welche französisch sprach. Wir unterhielten uns den ganzen Abend. Meine Mutter machte einmal einen Fehler, indem sie sagte: „Je suis été…" Der Mann dieser Familie, ich weiß nicht, ob sie Schweizer oder Franzosen waren, belehrte uns dann etwa eine Viertelstunde lang, daß das „J'ai été» heißt und nicht „je suis été". A.

Sie haben viele Fremdwörter. Wenn sie auch deutsch reden würden, wir in der Schule nicht das blöde Franz haben. ich habe verständigungs schwierichketen mit den welschen. Adrian

Vielleicht sind sie irgendwie weicher im Gemüt als wir, ich will damit sagen, also das dünkt mich sie seien ruhiger als wir. Eveline

Eigentlich brauchen wir gar nicht dumme sachen über die Welschschweizer sagen, den die Leute sind aus genau gleichem Fleisch und Blut wie die Deutschschweizer. Nur haben die Welschschweizer andere manieren als die Deutschschweizer. Ursula

Sie sind sehr pfuderi und wollen alles schnell gemacht haben. Es sind meistens nervöse Menschen, aber das sind wir ja auch manchmal. Monika

Das sind Menschen wie wir nur sprechen sie anders aber einer der schweizer ist und dann sich in Frankreich einsiedelt der ist blöd. H.

Meine Mutter erzählte mir, als sie im Welschland gewesen sei, habe sie erlebt, was die Welschen für ein Gefühl haben. Als sie einmal den Stubenboden wischen und aufnehmen mußte, sei ihr der Knabe von diesem Haus hin und her gerannt und dann habe sie ihm ein Schimpfwort nachgerufen. Das habe die Madam gehört und meiner Mutter gesagt, ob dies ein Mädchen, das Aushilfe macht, einem Knaben sagen dürfe. Ruth

Ich weiß nicht viel, aber das was ich weiß werde ich sagen: Es sind Menschen wie wir, sie reden andersch: Französisch. Sie machen Tabak. Über Freiburger macht man Witze. Jürg

Die Mentalität ist bei den Welschen anders als bei uns. Sie nehmen alles leichter und sind nicht so gestreßt wie wir. Die Welschen sind auch Charmeure. Bei ihnen ist ein Begrüßungskuß üblich. Immer wenn mein Großonkel kommt, muß ich ihm ein Begrüßungsküßli geben. Susann

Die Welschschweizer wollen nicht Deutsch sprechen können, wenn sie schon können. Fritz

In Wahljahren sehen wir besonders
klar, wie fortschrittlich und behäbig,
wie frei und staatsbewußt, wie grün
und wirtschaftsfreundlich, kurz, wie gut
alle unsere Parteien sind. Die folgenden
Beispiele habe ich sieben verschiedenen Parteiprogrammen entnommen.
Inzwischen habe ich vergessen,
wer was wann manifestiert hat.

Wir stehen zur Armee.
ommen wird, bed

eine kampfkräftige Armee mit

**Militärische
Landesverteidigung:
Wehrhaft bleiben**

einer umfassend
des Milizprinzips eine
ng der Landesverteidigung.
ohne Drohung nach aussen nah
her Friedenssicherun

zivile und militärische Ve
hält am Milizsystem fest und wendet
chen Einzatz der Armee im I

ehrbereitschaft und Verteidigung unseres

verpflichtet uns zur Bewaffnu
e Verteidigungsarmee. Di
den Vielmehr leistet

und Ausrüstung unseres Milizheeres, die je
em Angriff abschreckt, weil er mit ei

...ung des Volkseinkomme...
...ichtigung der sozialen

...nimmt Wert und Würde...
...t sich gegen jede Bevormundung...
...die soziale Verantwortung...

Sozial- und Bildungspolitik

Die Sozialpolitik darf inskünftig nicht
...nn anstreben, ...hat unt...

**wir wollen eine Sozialpolitik,
die allen Menschen ein freies Leben in Selb-
stverantwortung, in materieller und sozialer
...ermöglicht**

...s ein für eine Sozialordnung, die
...de soziale Sicherheit gewä...

...arten der sozialen

Soziale Verantwortung

...Versuch, herkömmlich libe...
...rsöhn...

...steht zu einer sozialverpflichteten fre...

e Freiheit der Mein
resse- und Info

Freiheit für alle
eralismus bedeut

**sönliche Freiheit und
elbstbestimmung gehen verlore**

itische **Unabhängigkeit und Freiheit**
strikter Neutralität, die nicht durch

Erziehung zur Freiheit

Wandel soll die Freiheit und die Mitmenschlichkeit
Nutzung über Sachgüter fördern.

Schweiz als freie, le
kräftige Willensnati
grenzte Z

Die Freiheit ist unteilba
wendigkeit da

...er Schutz des Menschen und der Umwelt bilden eine

...ensraum ist Wo... Erholung... und Wirtschafts...

Menschenwürdige Umwelt

In einer humanen Gesellschaft, die ...pedacht a...
...s alle... Wirtschaften a... ens. Zudem frönen wir ei...
...technische Massnahmen, anstatt dur... Sicherheit soll erreicht ...
...natürliche Umwelt Rücksicht ni...

...erung kämp...
...ensch und Umwelt und...
...und technischen For...

...schonungslose Ausbeutung der natürlichen Umwelt und ...
...erstört die Lebensgrundlage aller Menschen und ist eine...
...eutung des Menschen. S...

Umweltschutz: Eine grosse Herausforderung

...auftrag zum Umweltschutz erfo...
...sweise. Wer die Umwelt schütz...
...und Lebens...mei...chaften ...

Ziel jeder Umweltschutzpolitik muss...
Umweltbelastung innerhalb von Grenzen...

Ein wesentlicher Baustein unseres Staates sind die Freiheiten und Rechte des Bürgers. Sie sind besonders bedeutsam in einem Land wie der Schweiz, wo der Bürger diese Rechte und Freiheiten der sprichwörtlichen Neigung zur Vernunft unterordnet. Sozusagen jedenfalls.

Sprachfreiheit

Recht auf Wohnung

Bewegungsfreiheit

Bewegungsfreiheit

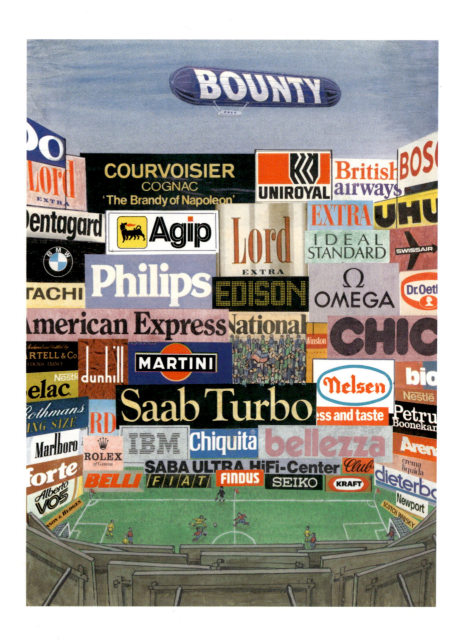

Handels- und Gewerbefreiheit

Handels- und Gewerbefreiheit

Recht auf Bildung

Recht auf
freie Meinungsäußerung

Persönliche Freiheit

Persönliche Freiheit

Niederlassungsfreiheit

Niederlassungsfreiheit

Demonstrationsfreiheit

Demonstrationsfreiheit

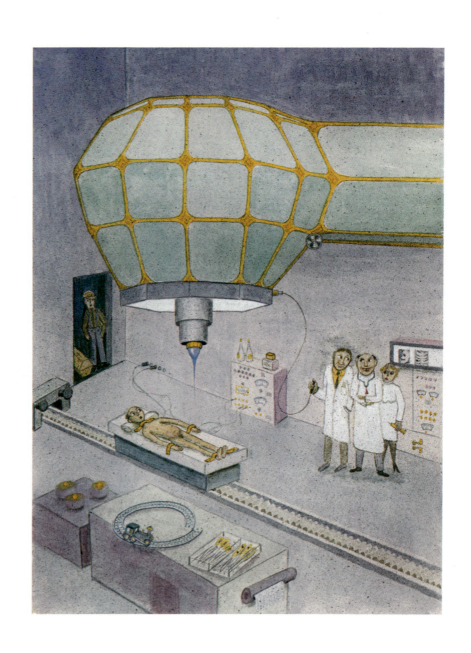

Recht auf soziale Sicherheit

Redefreiheit

Glaubens- und Gewissensfreiheit

Glaubens- und
Gewissensfreiheit

Freiheit für Kunst
und Wissenschaft

Freiheit für Kunst und Wissenschaft

In der Schweiz sitzen in vielen Schulklassen eines oder mehrere Ausländerkinder. Es gibt zwei Möglichkeiten, darauf zu reagieren: man ärgert sich (das tun viele Schweizer), oder man freut sich (das tun gottlob auch viele, unter anderem ich).

> Ich bin hier in der Schweiz weil mein Vater hier Arbeit gefunden hat, und dann bin ich hier in die Schule gekommen. In Spanien die Leute kennen mir besser, als hier, hier in der Schweiz kenne ich weniger Leute als in Spanien. Zum Beispiel in meinem Dorf hat viele freie Slangen zum Beispiel die giftige Vipern.
>
> Und hier in der Schweiz gibt es vielleicht nur waserSchlangen, und die meisten sind in Zoo.
>
> Angel

Die Türkei ist meine Heimat aber ich könnte dort nichts werden, ich könnte es dort nicht schaffen eine Arbeiterin zu werden. Ich möchte so gerne eine Ärztin werden, ich kann einfach nicht schaffen, eine Ärztin zu werden. Ich bin hier in dieser Schweiz geboren und gewachsen. Hier könnte ich etwas werden.
Kaya

In der Schweiz gefallen mir die Mädchen.
Die Leute sind auch sehr nett.
Davide

Die Schweizer die haben ein umgekehrte Sprache vonenandern. In Jugoslawien in einem Dorf helfen sie einander ohne Bezalung und hier in der Schweiz hilft man nur selten untereinander.
Wenn ein Ausländer in die Schweiz kommt so reklamieren die Schweizer. Wenn man nach Jugoslawien geht (ein bar Schweizer) so heist es in Jugoslavien „Ein Schweizer ist da ein Schweizer ist da" Und sind sehr freundlicher als hier. Sie finden schnell Freunde.
Jeanette

J'aime vivre ici et je suis contente de pouvoir connaitre un autre pays. Je penses que c'est un pays libre.
Regina

Schweiz hat ein großes Fabrik er heißt Sandoz. Schweiz ist schön. Schweiz hat mit Türkei 2 oder 3 Fabrik Gewehrfabrik. Schweizer sind im Skifahren gut. Schweiz ist im Bob auch gut. Schweiz gute Tilsiterkäse.
Fatih

En suisse les lois son beaucoup plus sévere qu'en Italie. En Suisse les salles de jeux sont interdites aux moin de 18 ans, les jeux éléctronique et meme le babyfoot sont interdis. Moi je ne comprend pas pourquoi? Tandis que quand je vais en vacance en Italie je passe mon temps a joué dans les salles de jeux. Alors qu'en Suisse on ne peux meme pas y rentré que tout de suite on vous jette dehors.
Donald

La suisse pour moi est un pays sympathique et souriant. Ce n'est pas pour critiquer les personnes agées que je respecte, mais ici en Suisse, je trouve les personnes de troisième âges plutot racistes, en majorité. Je me souviens tres bien qu'un jour, avec un copain qui vient du Mali en Afrique, on était dans un bus. Je voyais certains regards de „vieux grincheux" qui regardaient mon camarade avec indignité. C'est alors qu'une personne du 3eme age monte dans le bus mais il n'y a plus de places, alors mon copain se lève et lui cède sa place. Et pour tout remerci-

ment cette rabuse si je puis m'exprimer ainsi: Non merci, je ne m'assois pas la ou c'est déja assis un sale negre.
Vous voyez un peu la scene. José

Früher mußte mein Vater in die Schweiz kommen weil in Italien nicht zuviel Arbeit hatten. Als er kam fand er schon eine Arbeit. Heute aber ist die Schweiz teuer geworden. Weil die Leute verdienen nicht soviel. Wir zahlen alles was in der Wohnig gehört, die Garage und ecc. Uns bleibt nur 800 Fr. für den ganzen Monat.
Antonio

Wenn man die Schweiz mit Italien vergleicht, dann hat es einen großen Unterschied. Die Schweiz ist viel sauberer als Italien oder wenn man auf dem Markt einkaufen will und es 10 000 Lire kostet sagen die Italiener na geben sie mir nur für 5 000 Lire. Manchmal geben sie die Sachen nur für 5 000 Lire, manchmal auch nicht. Die Italiener sind sehr gutmütig, gegen die Schweizer, sie sind sehr sparsam bis geizig. Gabi

Also ich lebe nun schon zwölf jahre in der Schweiz. Ich bin hier geboren und es gefällt mir sehr. Meine Eltern leben vierzehn Jahre hier und auch ihnen gefällt es hier. Ich möchte nie in mein Heimatland zurückkehren obwohl ich es sehr gern habe. Weil ich die Schweiz gern habe hat besondere gründe. 1: Die Leute sind sehr nett und ich habe mehr Freunde das ist logisch. 2: Das essen gefällt mir in Jugoslawien besser zb die kleinen Würstchen aus Hakfleisch sogenannte (Cevapcici). Aber auch Käse habe ich gerne. 3: In der Schweiz gibt es Einkaufszentren wie Migros, Coop, ABM usw. Da kann man sich selbst bedienen. Doch in Jugoslawien da steht das Brot und man kann es „Berühren" ob es hart ist oder nicht. Und die andern die essen es dann! Also ich finde die Schweiz ist am Käse sehr berühmt und ordentlicher als die andern Länder.
Gordana

Ich wil in der Berg wohnen. Und Gerlafingen sehen. Carolina

In diesem Land ist alles verboten. Mann kann nicht angeln gehen. Dazu braucht man eine Genehmigung. Oder mann darf nicht laut sein oder draußen nich herum toben. Mann darf nich Fußball spielen. In der Türkei darf mann das alles mann kann herum toben angeln gehen Vögel fangen. Alles darf mann, und in der Schweiz sagen manche die scheiß Türken die sollen wieder in ihr scheiß Land zurück. Aber ohne die Türken werd ihr nie so weit gekommen. Zum Beispiel die Vonroll Ag oder die lustigen Schweizer swatch Uhren. Das alles haben wir gemacht, nun müßt ihr die Gegenleistung geben. Ja klarr daß wir Geld verdienen aber ich möchte nur daß ihr uns nicht vertreibt, oder immer sagt die scheiß Türken sollen dochin ihr verdammtes Land zurück. Öscan

C'est un pays ou l'on appelle la police ou les pompiers en cas d'urgences et il arrive en moin de cinque minutes. Donc je suis heureux de vivere dans ce beau Pays. Luis

In der Schweiz hat es viele Berge und viele Leute. In der Schweiz ist es schön. Tatjana

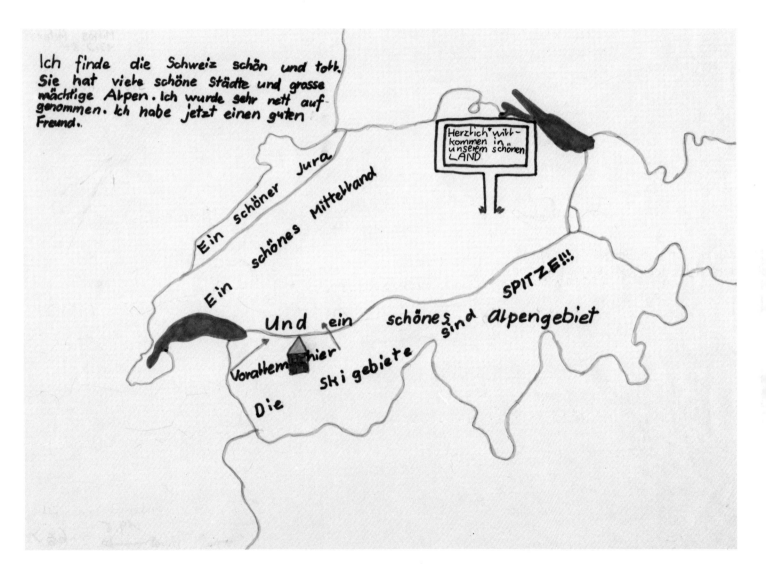

Ich frage mich...

...ob wir Schweizer, wenn wir Christen wären, eine ähnliche Asylpolitik betreiben würden wie heute.

...ob es auf dieser Welt ein vergleichbar glückliches Land wie die Schweiz gibt, ein Land, wo der harmlose Blechschaden eines Magistraten Gesprächsstoff für ein Jahr liefert.

...ob es viele machen wie ich: wenn vor Abstimmungen die Zeit fehlt, Sachfragen zu studieren, schaue ich, was die XY-Partei empfiehlt, schreibe das Gegenteil auf den Zettel, und schon liege ich richtig.

...wieviel größer der Kosmos ist, als sich ein Erdbewohner vorstellen kann.

...wieviel größer der Kosmos ist, als sich ein Schweizer vorstellen kann.

...warum wir die Solidarier in Polen großartig, bei uns aber dreist finden.

...etwas besorgt (nachdem ich mit grenzenloser Spannung ein parlamentarisches Streitgespräch mitverfolgt habe), was geschieht, wenn Papiertiger in die Hosen machen.

Ich frage mich...

...warum man kaum jemals Politiker mit Tränen in den Augen sieht, mit Tränen der Verzweiflung zum Beispiel oder Tränen der Wut. (Höchstens, ab und zu, mit Tränen der Rührung).

...wer wohl Weltmeister ist beim Vernichten von Lebensmittelüberschüssen.

...wann unsere Parlamentarier, die unentwegt repetieren, dies sei nicht machbar und jenes nicht, realisieren, daß das Gräberschaufeln für unsere kränkelnde Demokratie durchaus machbar ist.

...ob ich zum Wählen ginge, wenn ich die Kandidaten kennen würde.

...wann die SP endlich begreift, daß ihre Kandidaten für hohe Bundesämter bürgerlich zu denken haben und nicht sozialdemokratisch, wenn sie gewählt werden wollen.

...ob die Leser dieses Buches lachen werden und wenn ja, warum.

...ob die Leser dieses Buches weinen werden und wenn nein: alle Achtung!

Hommage an Züri, unsere unheimliche Hauptstadt. Mit einigen ausgesuchten Bildern soll der widerstehliche Charme dieser Metropole reflektiert werden. Diesem Nabel des Limmattales, wo heute „law and order" herrschen, wo weder legendäre Gnomen noch selbständig denkende Jugend das propere Straßenbild stören, wo nur die ordnende Hand der Obrigkeit diskret spürbar ist, gehört all unser Stolz.

Früher wurde mit dem Schwert politisiert oder mit der Hellebarde. Heute mit dem Mundwerk.
Lesen Sie eine kleine Auswahl spontaner Aussagen von Kindern und Jugendlichen über unser Land von gestern und unsern Staat von heute.

1291 machten die Eidgenossen Geschichte. Tino

Früher war in Sempach Krieg. Sandra

Die Eidgenossen gingen mit einer neuen Taktik in den Kampf. Mit einem Kegelförmigen Heer traten sie gegen die Habsburger an. Diese Taktig lief nicht nach Maß. Die Habsburger umkreisten langsam die Eidgenossen. Jetzt kam der Auftritt von Arnold. Er opferte sein Leben um ein Loch in das Heer zu graben. Dank dieser Heldentat gewannen die Eidgenossen die Schlacht. Reto

Marignano das ist ein Dorf im Tessin. Dort war im Jahre 1515 eine große Schlacht. Die Eidgenossen hatten dort gesiegt gegen Oesterreich. MG

Wenn die Eidgenossen gewußt hätten, daß sie die Schlacht von Marignano verlieren werden, dann hätten sie sich bestimmt nicht die Mühe gegeben den langen Weg zu Fuß zu gehen. Als sie ankamen kämpften sie tapfer um den Sieg. Aber leider leider haben sie den Kampf verloren. Sie gewannen aber trotzdem etwas von dieser Schlacht, nämlich die Vernunft. Sie beschlossen dann nicht mehr zu raufen, sondern sich besser zu benehmen. Fränzi

Viele Abenteuer aber auch brutale Blutbäder fanden in den Jahren zwischen 1300–1700 statt. Und immer wie mehr Kantone gesellten sich zu den drei Kantonen der Eidgenossenschaft. Außer ein paar Ausnahmen waren sie immer treu zusammen.
Nicole

Jura ist ein sehr steiniger Kanton.
Severin

Die Eidgenossen wurden von den andern Ländern dafür bezahlt das sie mit ihnen gegen ein anderes Land kriegten. So was nannte man das Söldnerwesen. Dabei starben sehr viele Menschen, bis es für eine weile verboten wurde. Doch man beachtete das Verbot nicht. Jacqueline

Zwingli war ein Zürcher. Er war in Bern auf der Münsterplattform mit dem Pferd herumgeritten plötzlich blieb es stocksteif stehen und Zwingli fiel 32 m tief herunter. Severin

Dank unseren Gescheiten Vorfahren, wie z. B. Luther, Zwingli und Tell die haben für uns gestrebt.
Diese Männer waren so stark und bestrebt, daß dank ihnen die Schweiz noch lebt.

Die Schweiz ist ein freies Land, man kann sagen was man will. R.

Wir können uns gegen Entscheide vom Parlament wehren mit Initiativen. Das können die Franzosen nicht.
Christian

Unsere Demokratie ist eigentlich dafür bestimmt das auch das einfache Volk die Möglichkeit hat ihre Meinungen, Wünsche, Verlangen zu äußern. Äußerungen sind eine Sachen aber ob sich die Politiker daran halten oder sich bemühen für die Wünsche von einfachen Leuten ist eine zweite Frage. Daniel

Der Schweizerbürger ist ein Symbol der Freiheit, die wir ausüben. René

Jeder Schweizer kann sich über seine politischen interessen Gedanken machen. Wenn er sich ein Bild über die politische Situation gemacht hat, sucht er sich eine Partei die seinem Bild entspricht. Nun ist er politisch aktiv, und kann sich als Kandidat für National und Regierungsrat, Ständerat oder Bundesrat stellen. Doris

Ich interessiere mich nicht sehr um Schweizerpolitik, weil es ja meistens langweilich und kompliziert ist. Bis etwas geschieht, vergehen Jahren. Es hat den Vorteil wenn es etwas schlechtes ist kommt es viel später oder gar nicht aber wenn es etwas gutes wäre geht es dafür viel länger.
O.

Die Demokratie ist gar nicht so demokratisch, wie sie uns vorgepriesen wird. Daniela

Unsere Demokratie funktioniert relativ gut, wobei ich finde, daß unsere Freiheit immer mehr eingeschränkt wird. Zum Beispiel was Radarwarngeräte betrifft. In Amerika sind Radarwarngeräte erlaubt, auch die Herstellung und Werbung. Wenn sich die Polizei hinter einem Gebüsch verstecken darf, um zu kontrollieren, ob ich zu schnell fahre, habe ich auch das Recht die Polizei aufzuspühren. In der Schweiz soll zukünftig der Besitz, die Werbung und die Herstellung von solchen Geräten verboten werden. Von mir aus geht hier der Staat zu weit er greift zuviel in die persönliche Freiheit ein. Es geht mir nicht darum, ob ich ein Radarwarngerät besitzen darf oder nicht, es geht um das Prinzip der Freiheit. T.

Ce que j'aime dans la Suisse c'est qu'elle est gouvernée par plusieures personnes, pas comme en France.
Sébastien

Wir sind ein freies Land und können Stimmen was wir wollen und wie es uns so paßt. Wir sind ein Freisinnig-demokratisches Land. Manuela

Das zweitletzte Kapitel ist unser Abfallkorb. Bei diesem Buch geschah, was beim Büchermachen immer geschieht: viel Material wird gesammelt, vieles bleibt übrig, findet nirgends einen geeigneten Platz. Schade. Ich zeige hier ein Mosaik von Steinchen, die ich ungern weglasse.

Zum Schluß, sozusagen auf dem Ehrenplatz, finden wir das Gedicht, das dem Titel dieses Buches Pate stand. Es erinnert an den großartigen Gottfried Keller und viele gute Männer, die vor anderthalb Jahrhunderten mit feuriger Hingabe und Fortschrittsglaube unsern Staat neu aufbauten und deren Profiteure wir noch immer sind. Fast wünschten wir uns, die heutigen Politiker hätten etwas von diesem Feuer in ihrer Brust und dafür weniger Bedachtsamkeit im Kopf (oder wo auch immer).

An das Vaterland

O mein Heimatland! O mein Vaterland!
Wie so innig, feurig lieb ich dich!
Schönste Ros', ob jede mir verblich,
Duftest noch an meinem öden Strand!

Als ich arm, doch froh, fremdes Land durchstrich,
Königsglanz mit deinen Bergen maß,
Thronenflitter bald ob dir vergaß,
Wie war da der Bettler stolz auf dich!

Als ich fern dir war, o Helvetia!
Faßte manchmal mich ein tiefes Leid;
Doch wie kehrte schnell es sich in Freud,
Wenn ich einen deiner Söhne sah!

O mein Schweizerland, all mein Gut und Hab!
Wann dereinst die letzte Stunde kommt,
Ob ich Schwacher dir auch nichts gefrommt,
Nichts versage mir ein stilles Grab!

Werf ich von mir einst dies mein Staubgewand,
Beten will ich dann zu Gott dem Herrn:
„Lasse strahlen deinen schönsten Stern
Nieder auf mein irdisch Vaterland!"

Gottfried Keller

Dank

Ich danke für die wertvolle Mitarbeit den Lehrerinnen und Lehrern

Barbara Marti in Wynigen
Christine Marti in Moosseedorf
Regula Büsser in Bern
Verena Inäbnit in Genf
Renate von Davir in Genf
Susanne Furrer in Langnau
Vreni und Theo Stalder in Langnau
Andreas Schuler in Langnau
Ruggero Ponzio in Bern
Albert Arnold in Gerlafingen
und Marc Ducret in La Tour-de-Peilz

Ich danke auch allen Kindern und Jugendlichen, die für dieses Buch geschrieben und gezeichnet haben, besonders jenen, die ihren Beitrag hier nicht finden. Merci vielmals

A
Anne, Adrian, Antonio, Angel, Andrea und Andreas, Ami, Anne-Catherine, Alexandra, Alexander und Alexandre, Astrid, Alain und Annina.

B
Bernadette, Beatrice, Brigitte, Barzul, Bertrand, Bernhard, Beate, Barbara und Bruno.

C
Carine, Cayetana, Corde, Corinne, Caroline, Conny, Claire, Christine und Christian.

D
Dominic, Diri, Daniela und Daniel, Doris, Denise, David und Davide.

E
Erika, Eddy, Engracia, Eveline, Elvira, Elsbeth.

F
Fabrice, Fritz, Fatih, Fränzi, Frédéric und Ferdinand.

G
Gordana, Gérard, Gabriela, Georges, Gökhan.

H
Helen, Heinz, Helga, Hans, Hugo.

I
Irene, Irmak, Isabel, Isabelle und Isabella.

J
Jean-Marc, Joël, Julien, Jeanette, José, Jean-Luc, Juliette, Jasmine, Johann und Johannes, Jennifer, Jacqueline, Jürg, Jessica, Jerôme.

K
Kathrin, Kirsten, Kaya, Kaspar.

L
Laurence, Laeticia, Luis, Luc und Luca.

M
Mathias, Maya, Martin und Martina, Manuela, Mustafa, Margareta, Markus und Marco, Marion, Marietta, Monika und Marianna.

N
Nadine, Nathalie, Nils, Nicole, Nicolas und Nikolaus.

O
Oliver und Olivier.

P
Patricia und Patrik, Pete und Petra, Pascal und Pascale.

R
Rahel, Ruben, Raphael, Regina, Ruth, Rébon, Res, Roland, Roger, Robert, Reto, Rolf, Regula, Rosa und Rosetta.

S
Sibylle, Sandra und Sandro und Sandrine, Simone, Sacha, Stefanie, Stefan und Stefano, Sergül, Sébastien, Sven, Saeema, Severin, Sabine, Sündor, Saskia, Severin, Susanne, Sarah, Silvie und Silvia.

T
Theo, Thierry, Toni und Tino, Thomas, Tiziana und Tatjana und Tiana und Tanja.

U
Ulkü, Urs und Ursula.

V
Vincent.

W
weit und breit kein Werner oder Walter.

Y
Yolanda, Yvan, Yves, Yildiz, Yüksel.

Auch viele große Kinder haben mich unterstützt. Mein herzlicher Dank geht an Wilma und Horst, Rolf, Ambros, Jürg, Hans-Peter, Vincenzo, Eugen, Charles, Stephan, Marie und an Hanneli.

F. Sepp Rausser

Inhalt

- 6 Porträts von Mutter Helvetia
- 12 Illustrierte Schweizer Poesie
- 22 Der Narr fragt sich
- 24 Die zehn kleinen Schweizerlein
- 30 Schweizer Tabus
- 32 Là-haut sur la montagne
- 34 Der Narr fragt weiter
- 35 Realistische City-Impressionen
- 42 Wilhelm Tell
- 44 Die Schweiz von außen gesehen
- 48 Juhui – Ländler-Musig
- 50 Unser Polit-Theater
- 54 Unsere Kleinen zeichnen das große Land
- 58 Nochmals Poesie
- 68 Souvenirs-Schöpferlust
- 74 Romands blicken über den Röstigraben
- 76 Deutschschweizer blicken über den Röstigraben
- 78 Partei-Programme
- 82 Freiheiten und Rechte der Schweizer Bürger
- 102 Ausländer-Kinder erzählen über unser Land
- 106 Der Narr fragt noch mehr
- 108 Züri, unsere unheimliche Hauptstadt
- 118 Gedanken zur Schweiz, gestern und heute
- 120 Fundsachen
- 122 O mein Heimatland
- 124 Dank

Alle Rechte vorbehalten
© 1987 Verlag Aare Solothurn
Satz: Jung SatzCentrum, Lahnau
Photolithos: Henzi AG, Bern
Druck: Union Druck+Verlag AG, Solothurn
Einband: Grollimund AG, Reinach
Printed in olala my Switzerland
ISBN 3 7260 0301 0